Pequeñas Estrellas

El yoga

de las pequeñas estrellas

Un libro de El Semillero de Crabtree

Taylor Farley y Pablo de la Vega

CRABTREE
PUBLISHING COMPANY
WWW.CRABTREEBOOKS.COM

Me encanta el **yoga**.

3

4

El yoga me permite sentirme **tranquila**.

Uso una colchoneta.

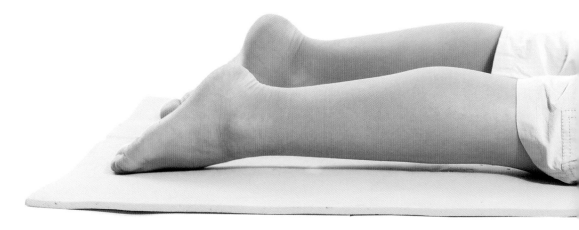

Uso ropa **cómoda**.

Hago **respiraciones** profundas.

Me estiro y me coloco en la **postura** del guerrero.

13

Me agacho y me coloco en la postura del camello.

Mantengo el equilibrio
en la postura del árbol.

El yoga me fortalece.

19

Practico yoga todos los días.

21

Glosario

cómoda: La ropa cómoda te permite sentirte relajada y moverte fácilmente.

postura: Hacer una postura es colocar tu cuerpo de cierta manera.

practico: Practicar es hacer algo una y otra vez para mejorarlo.

respiraciones: Las respiraciones consisten en meter y sacar aire de tus pulmones.

tranquila: Cuando estás tranquila, te sientes en paz y sin preocupaciones.

yoga: El yoga es una serie de ejercicios para la mente y el cuerpo.

Índice analítico

Apoyos de la escuela a los hogares para cuidadores y maestros

Los libros de El Semillero de Crabtree ayudan a los niños a crecer al permitirles practicar la lectura. Las siguientes son algunas preguntas de guía que ayudan a los lectores a construir sus habilidades de comprensión. Algunas posibles respuestas están incluidas.

Antes de leer:

- **¿De qué piensas que tratará este libro?** Pienso que este libro es sobre yoga. Quizá nos explicará por qué la gente practica el yoga.

- **¿Qué quiero aprender sobre este tema?** Quiero conocer distintas posturas de yoga.

Durante la lectura:

- **Me pregunto por qué...** Me pregunto por qué los niños usan ropa cómoda cuando hacen yoga.

- **¿Qué he aprendido hasta ahora?** Aprendí distintas posturas de yoga, como la del guerrero, la del camello y la del árbol.

Después de leer:

- **¿Qué detalles aprendí de este tema?** Aprendí que a los niños les gusta hacer yoga porque los hace sentirse tranquilos y fuertes.

- **Lee el libro de nuevo y busca las palabras del vocabulario.** Veo la palabra *tranquila* en la página 5 y la palabra *respiraciones* en la página 11. Las otras palabras del vocabulario están en las páginas 22 y 23.

Library and Archives Canada Cataloguing in Publication

Title: El yoga de las pequeñas estrellas / Taylor Farley y Pablo de la Vega.
Other titles: Little stars yoga. Spanish
Names: Farley, Taylor, author. | Vega, Pablo de la, translator.
Description: Series statement: Pequeñas estrellas | Translation of: Little stars yoga. | Translated
by Pablo de la Vega. | "Un libro de el semillero de Crabtree". | Includes index. | Text in
Spanish.
Identifiers: Canadiana (print) 20210097868 | Canadiana (ebook) 20210097876 | ISBN 9781427131737
(hardcover) | ISBN 9781427131911 (softcover) | ISBN 9781427132086 (HTML) | ISBN 9781427136114
(read-along ebook)
Subjects: LCSH: Hatha yoga for children—Juvenile literature. | LCSH: Hatha yoga—Juvenile literature.
Classification: LCC RJ133.7 .F3718 2021 | DDC j613.7/046083—dc23

Library of Congress Cataloging-in-Publication Data

Names: Farley, Taylor, author. | Vega, Pablo de la, translator.
Title: El yoga de las pequeñas estrellas / Taylor Farley y Pablo de la Vega.
Other titles: Little stars yoga. Spanish
Description: New York : Crabtree Publishing Company, 2021. | Series: Pequeñas estrellas | "Un libro de El Semillero de Crabtree". | Audience: Ages 5-7 | Audience: Grades K-1 | Summary: "If you think you might like yoga, this book describes and demonstrate some basic yoga poses"-- Provided by publisher.
Identifiers: LCCN 2020056978 (print) | LCCN 2020056979 (ebook) | ISBN 9781427131737 (hardcover) | ISBN 9781427131911 (paperback) | ISBN 9781427132086 (ebook) | ISBN 9781427136114 (epub)
Subjects: LCSH: Hatha yoga for children--Juvenile literature.
Classification: LCC RJ133.7 .F3718 2021 (print) | LCC RJ133.7 (ebook) | DDC 613.7/046083--dc23
LC record available at https://lccn.loc.gov/2020056978
LC ebook record available at https://lccn.loc.gov/2020056979

Crabtree Publishing Company

www.crabtreebooks.com   1–800–387–7650

Written by Taylor Farley
Production coordinator and Prepress technician: Samara Parent
Print coordinator: Katherine Berti
Translation to Spanish: Pablo de la Vega
Edition in Spanish: Base Tres

Print book version produced jointly with Blue Door Education in 2021   Printed in the U.S.A./022021/CG20201215

Photo credits: Cover and pages 3 and 21 © DoublePHOTO studio; page 4 © Duplass; pages 6 and 7 © YURALAITS ALBERT, page 9 © Rob Marmion; page 10 © Eugene Partyzan; page 12 © Max Topchii; page 15 © Nick_Nick; page 17 © Patrick Foto; page 18 © Nick_Nick All photos from Shutterstock.com

Published in Canada
Crabtree Publishing
616 Welland Ave.
St. Catharines, Ontario
L2M 5V6

Published in the United States
Crabtree Publishing
347 Fifth Ave.
Suite 1402-145
New York, NY 10016

Published in the United Kingdom
Crabtree Publishing
Maritime House
Basin Road North, Hove
BN41 1WR

Published in Australia
Crabtree Publishing
Unit 3 – 5 Currumbin Court
Capalaba
QLD 4157